Como yo

Escrito por Barbara J. Neasi

Ilustrado por Johanna Hantel

Children's Press®
Una División de Scholastic Inc.
Nueva York • Toronto • Londres • Auckland • Sydney
Ciudad de México • Nueva Delhi • Hong Kong
Danbury, Connecticut

Para Jennifer y Julie, mis fuentes de inspiración idénticas
—B.J.N.

A mis padres
—J.H.

Asesoras de lectura

Linda Cornwell
Especialista en alfabetización

Katharine A. Kane
Asesora educativa
(Jubilada de la Oficina de Educación del condado de San Diego
y de la Universidad Estatal de San Diego)

Biblioteca del Congreso. Catalogación de la información sobre la publicación

Neasi, Barbara J.
    [Just like me. Spanish]
    Como yo / escrito por Barbara J. Neasi; ilustrado por Johanna Hantel.
        p. cm. — (Un lector principiante de español)
    Resumen: Jennifer habla de los distintos aspectos en que ella y su hermana gemela,
Julie, son iguales y diferentes.
    ISBN 0-516-22689-4 (lib. bdg.)   0-516-27795-2 (pbk.)
    [1. Gemelas—Ficción. 2. Hermanas—Ficción. 3. Individualidad—Ficción. 4. Materiales
en idioma español.] I. Hantel, Johanna, ilustr. II. Título. III. Serie.
PZ73.N328 2002
[E]—dc21
                        2002067346

Mi nombre es Jennifer.
Tengo una hermana gemela.
Se llama Julie.

Tiene cabello castaño largo.
¡Como yo!

Tiene ojos café grandes.
¡Como yo!

Julie está en primer grado.
¡Como yo!

Va a clases de baile.

¡Como yo!

Le gusta patinar.
¡Como a mí!

Le gusta el chicle de bomba.

¡Como a mí!

Duerme en una cama grande.
¡Como yo!

Julie tiene un gatito.
¡Yo no!

Le gusta limpiar la casa.
¡A mí no!

A Julie le gusta flotar en el agua.
¡A mí no!

21

Le gusta usar vestidos elegantes.

¡A mí no!

Le gustan los panqueques.

¡A mí no!

A Julie le gusta usar zapatos negros.

¡A mí no!

Julie se levanta temprano.
¡Yo no!

A veces somos iguales.
A veces somos diferentes.

¡Pero siempre somos hermanas gemelas!

Lista de palabras (65 palabras)

a	diferentes	grandes	llama	siempre
agua	duerme	gusta	los	somos
baile	el	gustan	mi	temprano
bomba	elegantes	hermana	mí	tengo
cabello	en	hermanas	negros	tiene
café	es	iguales	no	un
cama	está	Jennifer	nombre	una
casa	flotar	Julie	ojos	usar
castaño	gatito	la	panqueques	va
chicle	gemela	largo	patinar	veces
clases	gemelas	le	pero	vestidos
como	grado	levanta	primer	yo
de	grande	limpiar	se	zapatos

Acerca de la autora

Barbara J. Neasi es escritora de libros infantiles, maestra sustituta y madre de cuatro niñas. Dos de las hijas son gemelas, Jennifer y Julie, que son iguales y distintas al mismo tiempo. Ahora que ya crecieron las niñas, Barbara vive en Moline, Illinois, con su esposo Randy, su perro Tyson y su gato Peanut, en una casa gris pequeña con un jardín grande donde los nietos recogen flores y calabazas.

Acerca de la ilustradora

Johanna Hantel ha pintado dibujos divertidos y garabateados desde que era muy pequeña. La casa de sus padres es su galería. Su gato Franklin le sirve de modelo. En su tiempo libre le gusta correr grandes distancias.